Impressum
Verlag: BABADADA GmbH, Nedderfeld 112 , 22529 Hamburg
Geschäftsführer / Verlagsleitung: Harald Hof
Druck: Books on Demand GmbH, In de Tarpen 42, 22848 Norderstedt

Imprint
Publisher: BABADADA GmbH, Nedderfeld 112 , 22529 Hamburg, Germany
Managing Director / Publishing direction: Harald Hof
Print: Books on Demand GmbH, In de Tarpen 42, 22848 Norderstedt

la escuela

koulu

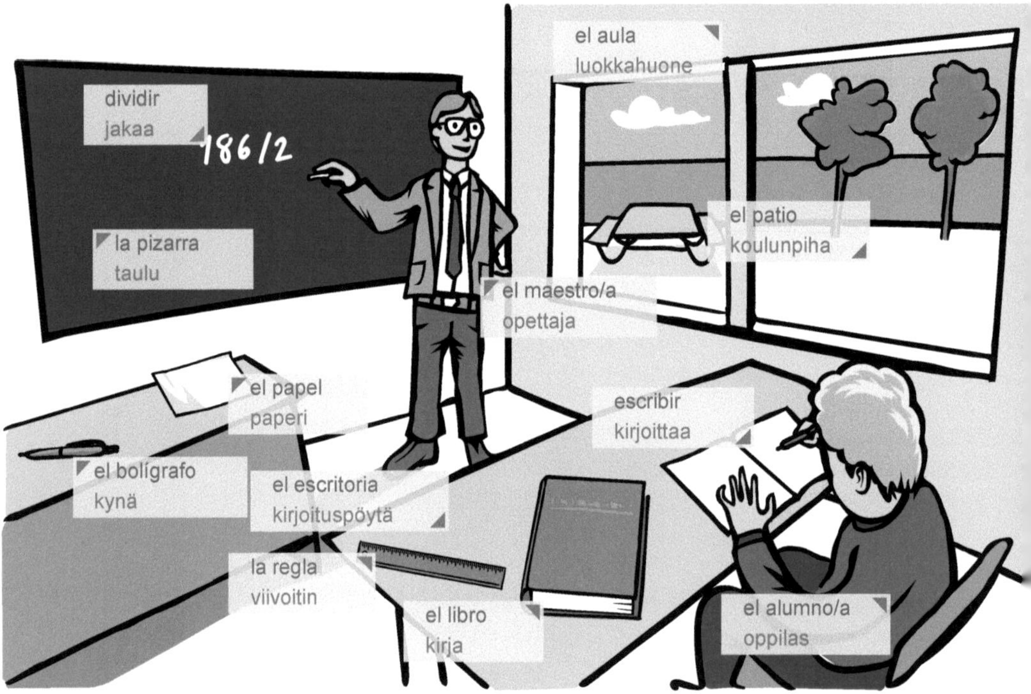

dividir
jakaa
186/2
la pizarra
taulu
el aula
luokkahuone
el patio
koulunpiha
el maestro/a
opettaja
el papel
paperi
escribir
kirjoittaa
el bolígrafo
kynä
el escritoria
kirjoituspöytä
la regla
viivoitin
el libro
kirja
el alumno/a
oppilas

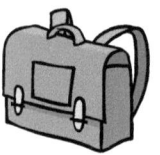

la cartera

reppu

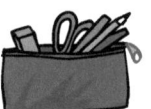

la caja de lápices

penaali

el lápiz

lyijykynä

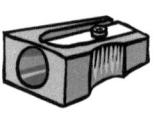

el sacapuntas

kynänteroitin

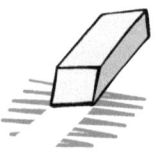

la goma de borrar

pyyhekumi

el cuaderno de dibujo

piirustuslehtiö

el dibujo
piirustus

el pincel
pensseli

la caja de pinturas
vesivärit

las tijeras
sakset

el pegamento
liima

el cuaderno de ejercicios
harjoituskirja

los deberes
kotitehtävä

el número
luku

sumar
lisätä

restar
vähentää

multiplicar
kertoa

calcular
laskea

la letra
kirjain

el alfabeto
aakkoset

la palabra
sana

el texto

teksti

leer

lukea

la tiza

liitu

la lección

oppitunti

el cuaderno de notas

opettajan muistikirja

el examen

koe

el certificado

todistus

el uniforme

koulupuku

la educación

koulutus

la enciclopedia

sanakirja

la universidad

yliopisto

el microscopio

mikroskooppi

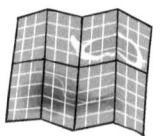

el mapa

kartta

la papelera

roskakori

el viaje
matka

el hotel
hotelli
el albergue
retkeilymaja
ROOMS
EXCHANGE
oficina de cambio de divisas
anvaihto
la maleta
matkalaukku
el coche
auto

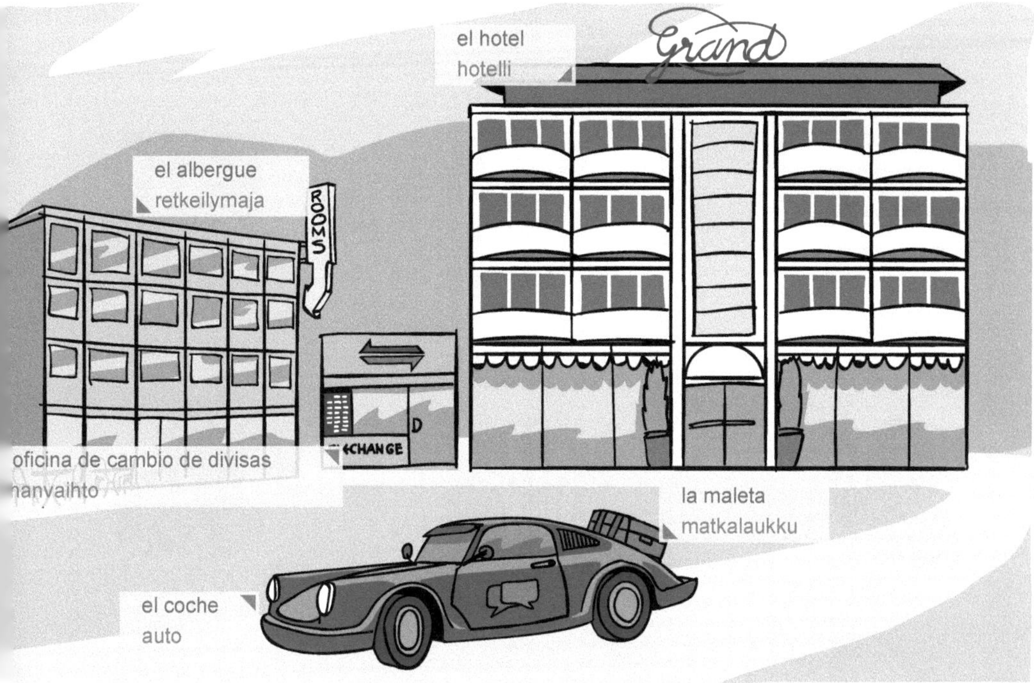

el idioma
kieli

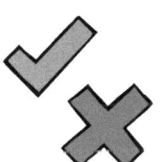

sí / no
kyllä / ei

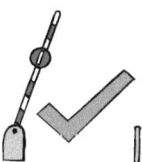

Vale
selvä

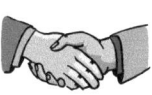

hola
hei

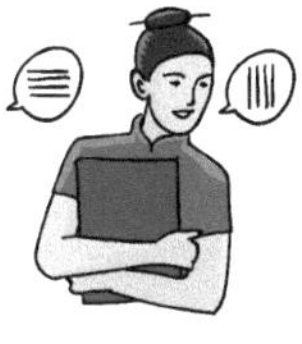

el traductor
tulkki

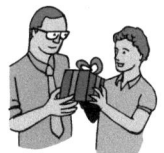

Gracias
kiitos

¿cuánto es…?

Paljonko…maksaa?

No entiendo

en ymmärrä

el problema

ongelma

¡Buenas tardes!

Hyvää iltaa!

¡Buenos días!

Hyvää huomenta!

¡Buenas noches!

Hyvää yötä!

adiós

näkemiin

la dirección

suunta

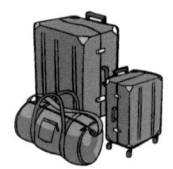

el equipaje

matkatavarat

la bolsa

laukku

la mochila

reppu

el invitado

vieras

la habitación

huone

el saco de dormir

makuupussi

la tienda de campaña

teltta

la información turística

turisti-info

la playa

ranta

la tarjeta de crédito

luottokortti

el desayuno

aamupala

el almuerzo

lounas

la cena

päivällinen

el billete

matkalippu

el ascensor

hissi

el sello

postimerkki

la frontera

raja

la aduana

tulli

la embajada

suurlähetystö

la visa

viisumi

el pasaporte

passi

el transporte
kuljetus

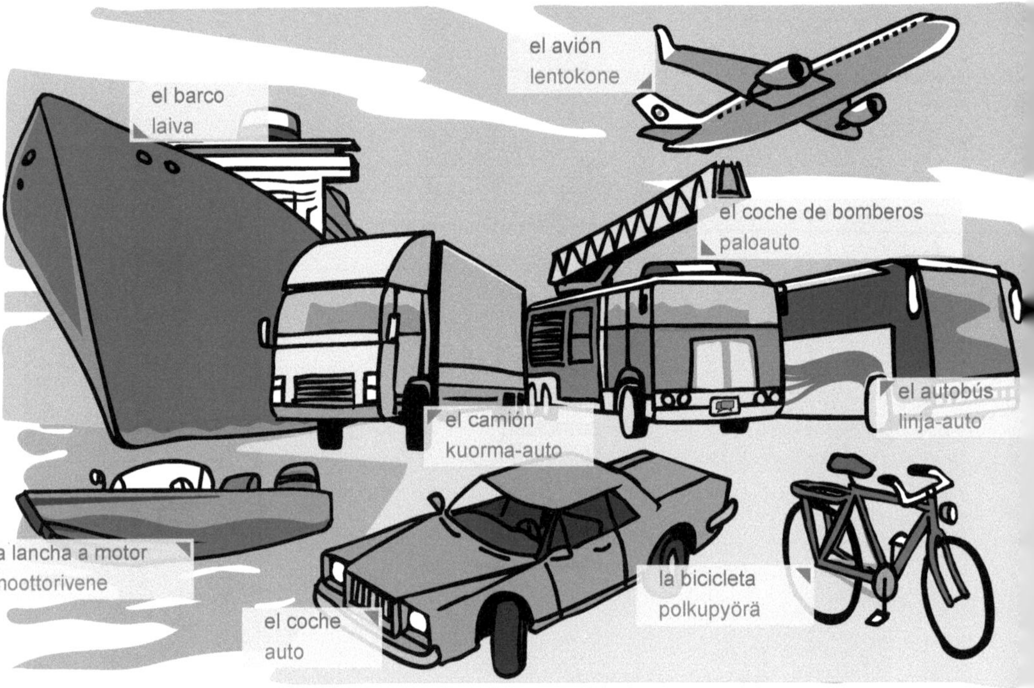
el avión
lentokone
el barco
laiva
el coche de bomberos
paloauto
el autobús
linja-auto
el camión
kuorma-auto
la lancha a motor
moottorivene
la bicicleta
polkupyörä
el coche
auto

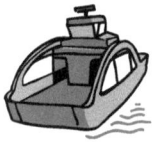

el transbordador

lautta

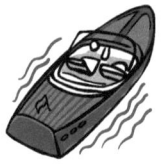

la barca

vene

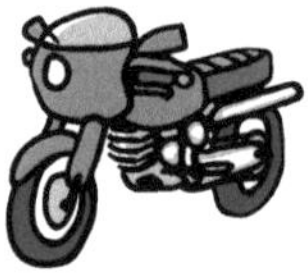

la moto

moottoripyörä

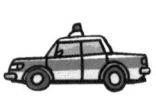

el coche de policía

poliisiauto

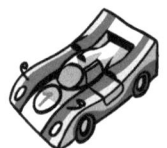

el coche de carreras

kilpa-auto

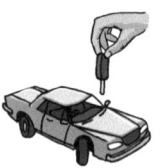

el coche de alquiler

vuokra-auto

el préstamo de vehículos

car sharing

la grúa

hinausauto

el camión de la basura

roska-auto

el motor

moottori

la gasolina

polttoaine

la gasolinera

huoltoasema

la señal de tráfico

liikennemerkki

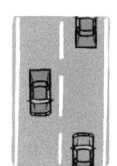

el tráfico

liikenne

el atasco

ruuhka

el aparcamiento

parkkipaikka

la estación de tren

rautatieasema

las vías

raiteet

el tren

juna

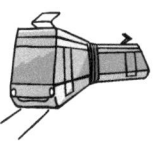

el tranvía

raitiovaunu

el vagón

vaunu

el helicóptero

helikopteri

el aeropuerto

lentokenttä

la torre

lähilennonjohto

el pasajero

matkustaja

el contenedor

kontti

la caja de cartón

pahvilaatikko

la carretilla

kärryt

la cesta

kori

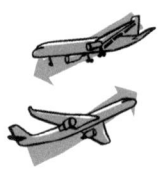

despegar / aterrizar

nousta / laskea

la ciudad
kaupunki

el pueblo

kylä

el centro de la ciudad

keskusta

la casa

talo

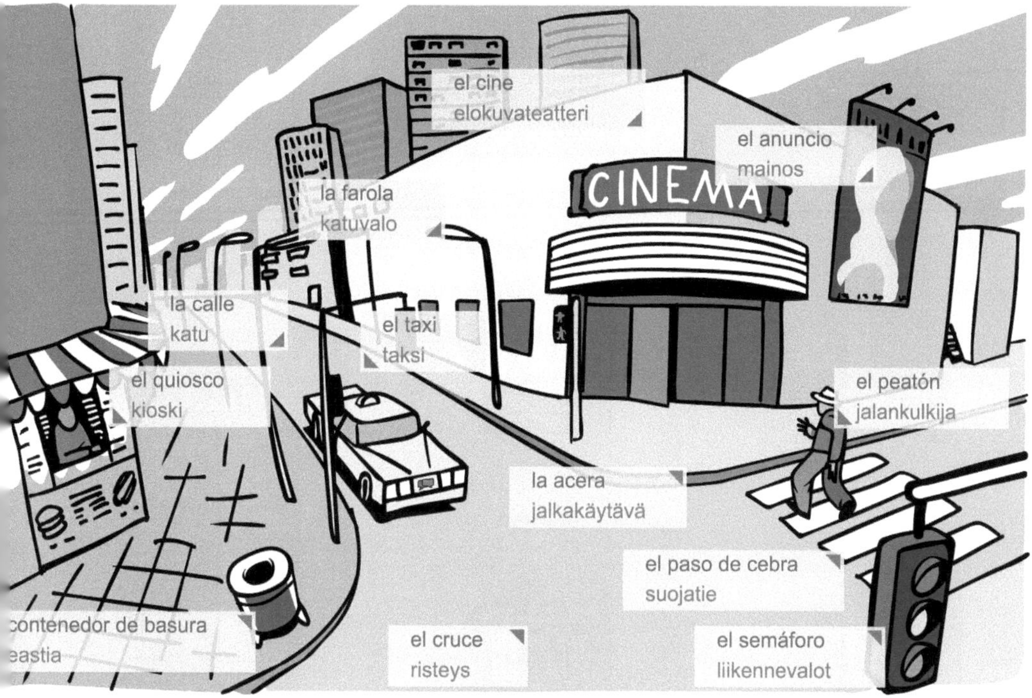

el cine
elokuvateatteri

el anuncio
mainos

la farola
katuvalo

CINEMA

la calle
katu

el taxi
taksi

el quiosco
kioski

el peatón
jalankulkija

la acera
jalkakäytävä

el paso de cebra
suojatie

contenedor de basura
eastia

el cruce
risteys

el semáforo
liikennevalot

la cabaña
....
mökki

el apartamento
....
kerrostalo

la estación de tren
....
rautatieasema

el ayuntamiento
....
kaupungintalo

el museo
....
museo

la escuela
....
koulu

la universidad
yliopisto

el banco
pankki

el hospital
sairaala

el hotel
hotelli

la farmacia
apteekki

la oficina
toimisto

la librería
kirjakauppa

la tienda de campaña
liike

la floristería
kukkakauppa

el supermercado
supermarketti

el mercado
tori

los grandes almacenes
tavaratalo

la pescadería
kalakauppias

el centro comercial
ostoskeskus

el puerto
satama

el parque

puisto

el banco

penkki

el puente

silta

las escaleras

portaat

el metro

metro

el túnel

tunneli

la parada de autobús

linja-autopysäkki

el bar

baari

el restaurante

ravintola

el buzón

postilaatikko

el poste indicador

katukyltti

el parquímetro

parkkimittari

el zoo

eläintarha

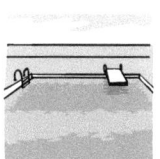

la piscina

uimala

la mezquita

moskeija

la granja

maatila

la contaminación

ympäristön saastuminen

el cementerio

hautausmaa

la iglesia

kirkko

el patio de juego

leikkikenttä

el templo

temppeli

el paisaje

maisema

la hoja
lehti

la señal
tienviitta

el camino
tie

el prado
niitty

la piedra
kivi

el árbol
puu

el excursionista
retkeilijä

el río
joki

la hierba
ruoho

la flor
kukka

el valle

laakso

la colina

vuori

el lago

järvi

el bosque

metsä

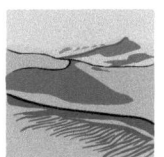

el desierto

aavikko

el volcán

tulivuori

el castillo

linna

el arcoíris

sateenkaari

el champiñón

sieni

la palmera

palmu

el mosquito

hyttynen

la mosca

kärpänen

la hormiga

muurahainen

la abeja

mehiläinen

la araña

hämähäkki

el escarabajo
kovakuoriainen

la rana
sammakko

la ardilla
orava

el erizo
siili

la liebre
jänis

la lechuza
pöllö

el pájaro
lintu

el cisne
joutsen

el jabalí
villisika

el ciervo
peura

el alce
hirvi

la presa
pato

la turbina eólica
tuulimylly

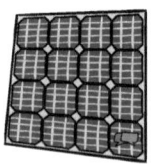

el panel solar
aurinkopaneeli

el clima
ilmasto

el restaurante
ravintola

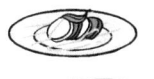

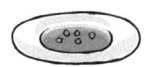

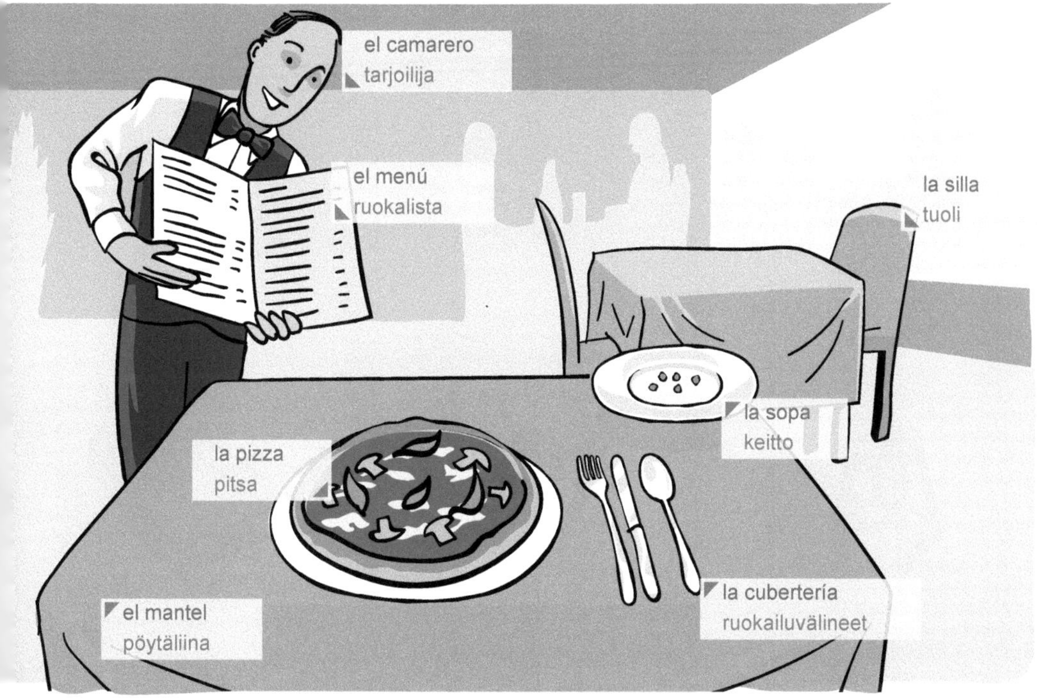

el camarero
tarjoilija
el menú
ruokalista
la silla
tuoli
la sopa
keitto
la pizza
pitsa
el mantel
pöytäliina
la cubertería
ruokailuvälineet

el primer plato

alkuruoka

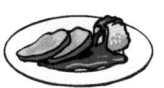

el plato principal

pääruoka

el postre

jälkiruoka

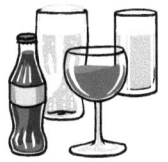

las bebidas

juomat

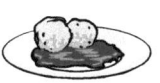

la comida

ruoka

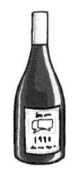

la botella

pullo

la comida rápida

pikaruoka

la comida callejera

katuruoka

la tetera

teekannu

el azucarero

sokeriastia

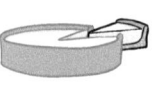

la porción

annos

la cafetera expreso

espressokeitin

la trona

syöttötuoli

la cuenta

lasku

la bandeja

tarjotin

el cuchillo

veitsi

el tenedor

haarukka

la cuchara

lusikka

la cucharilla

teelusikka

la servilleta

servietti

el vaso

lasi

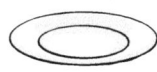

el plato

lautanen

el plato hondo

syvä lautanen

el platillo

aluslautanen

la salsa

kastike

el salero

suolasirotin

el molinillo de pimienta

pippurimylly

el vinagre

etikka

el aceite

öljy

las especias

mausteet

el ketchup

ketsuppi

la mostaza

sinappi

la mayonesa

majoneesi

el supermercado
supermarketti

la oferta especial
tarjous
FOR
el cliente
asiakas
los lácteos
maitotuotteet
la fruta
hedelmät
el carro de compra
ostoskärryt

BUTCHERS

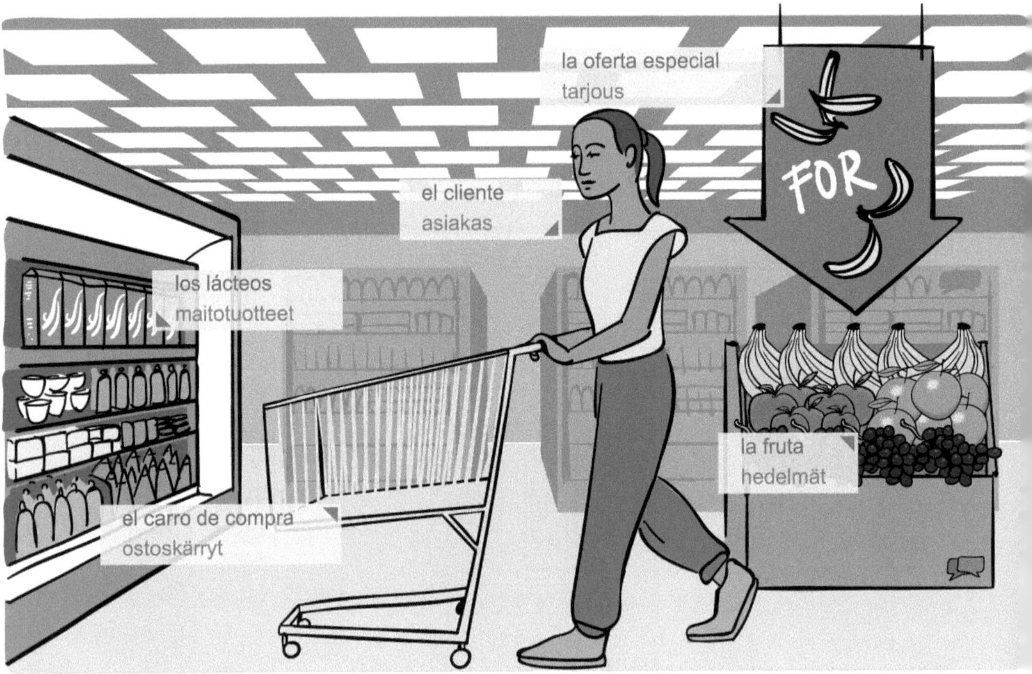

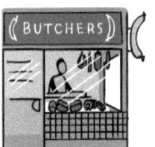

la carniceria

teurastamo

BAKERY

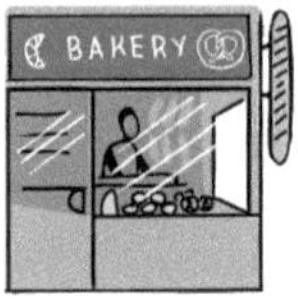

la panadería

leipomo

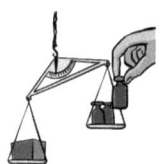

pesar

punnita

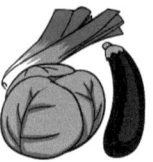

las verduras

kasvikset

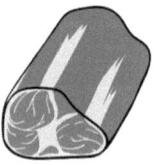

la carne

liha

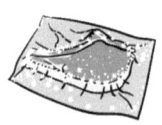

los alimentos congelados

pakasteet

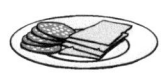

los fiambres
leikkele

las conservas
säilykkeet

el detergente en polvo
pesujauhe

los dulces
makeiset

productos de uso doméstico
kotitaloustarvikkeet

productos de limpieza
puhdistusaineet

la vendedora
myyjä

la caja de cartón
kassa

el cajero
kassanhoitaja

la lista de la compra
ostoslista

el horario de atención al público
aukioloajat

la cartera
lompakko

la tarjeta de crédito
luottokortti

la bolsa de plástico
kassi

la bolsa de plástico
muovipussi

el agua

vesi

el zumo

mehu

la leche

maito

la cola

kokis

el vino

viini

la cerveza

olut

el alcohol

alkoholi

el cacao

kaakao

el té

tee

el café

kahvi

el expreso

espresso

el capuchino

cappuccino

el plátano

banaani

la manzana

omena

la naranja

appelsiini

el melón

meloni

el limón

sitruuna

la zanahoria

porkkana

el ajo

valkosipuli

el bambú

bambu

la cebolla

sipuli

el champiñón

sieni

las avellanas

pähkinät

los fideos

spagetti

las espagueti

spagetti

el arroz

riisi

la ensalada

salaatti

las patatas fritas

ranskalaiset

las patatas fritas

paistetut perunat

la pizza

pitsa

la hamburguesa

hampurilainen

el sándwich

voileipä

el filete

leike

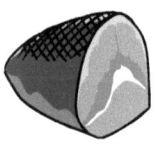

el jamón

kinkku

le salami

salami

la salchicha

makkara

el pollo

kana

el asado

paisti

el pescado

kala

los copos de avena

kaurahiutaleet

el muesli

mysli

los copos de maíz

murot

la harina

jauho

el cruasán

voisarvi

el panecillo

sämpylä

el pan

leipä

la tostada

paahtoleipä

las galletas

keksit

la mantequilla

voi

la cuajada

rahka

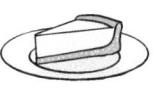

el pastel

kakku

el huevo

kananmuna

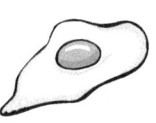

el huevo frito

paistettu kananmuna

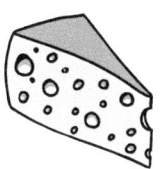

el queso

juusto

el helado

jäätelö

el azúcar

sokeri

la miel

hunaja

la mermelada

hillo

la crema de turrón

suklaapähkinälevite

el curry

curry

la granja
maatila

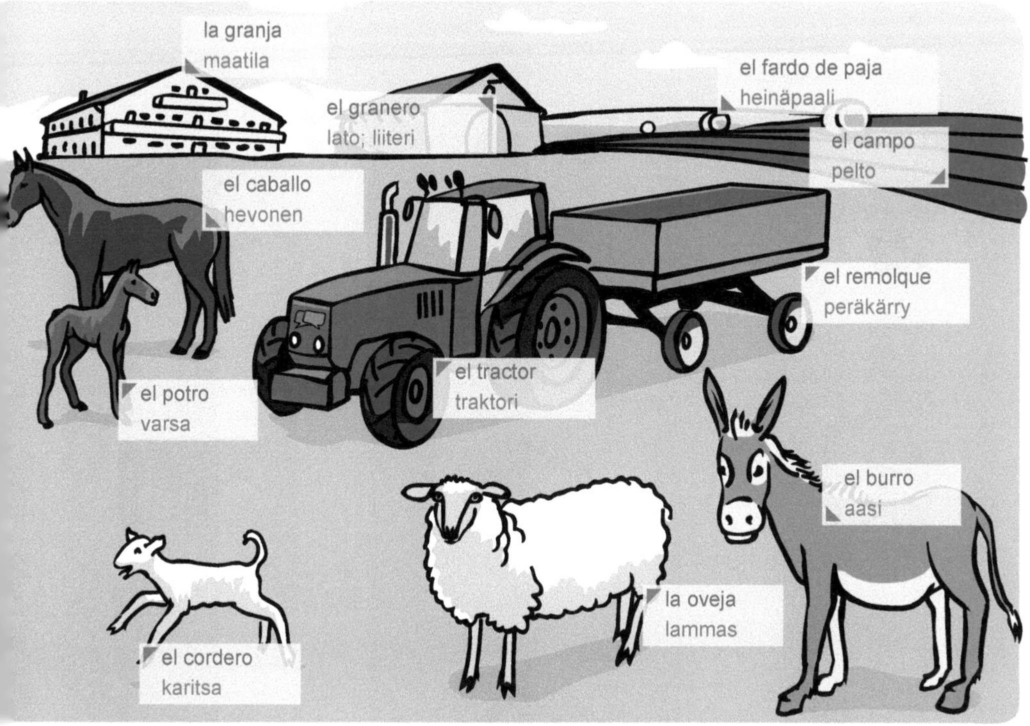

la granja
maatila
el granero
lato; liiteri
el fardo de paja
heinäpaali
el campo
pelto
el caballo
hevonen
el remolque
peräkärry
el tractor
traktori
el potro
varsa
el burro
aasi
la oveja
lammas
el cordero
karitsa

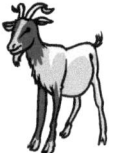

la cabra

vuohi

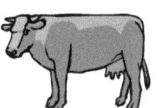

la vaca

lehmä

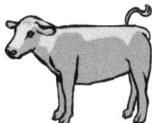

el ternero

vasikka

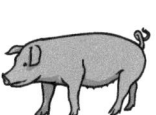

el cerdo

sika

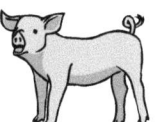

el cerdito

porsas

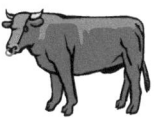

el toro

sonni

el ganso
hanhi

el pato
ankka

el pollo
tipu

la gallina
kana

el gallo
kukko

la rata
rotta

el gato
kissa

el ratón
hiiri

el buey
härkä

el perro
koira

la perrera
koirankoppi

la manguera
puutarhaletku

la regadera
kastelukannu

la guadaña
viikate

el arado
aura

la hoz

sirppi

la azada

kuokka

la horca

talikko

el hacha

kirves

la carretilla

kottikärryt

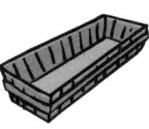

el abrevadero

kaukalo

la lechera

maitokannu

el saco

säkki

la valla

aita

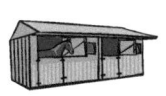

el establo

talli

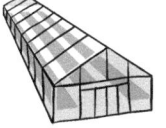

el invernadero

kasvihuone

el suelo

maa

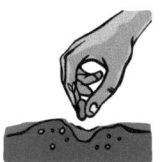

la semilla

siemen

el fertilizador

lannoite

la cosechadora

leikkuupuimuri

cosechar

kerätä sato

la cosecha

sato

el ñame

jamssit

el trigo

vehnä

el soja

soija

la patata

peruna

el maíz

maissi

la semilla de colza

rypsi

el árbol frutal

hedelmäpuu

la mandioca

maniokki

las cereales

vilja

la casa
talo

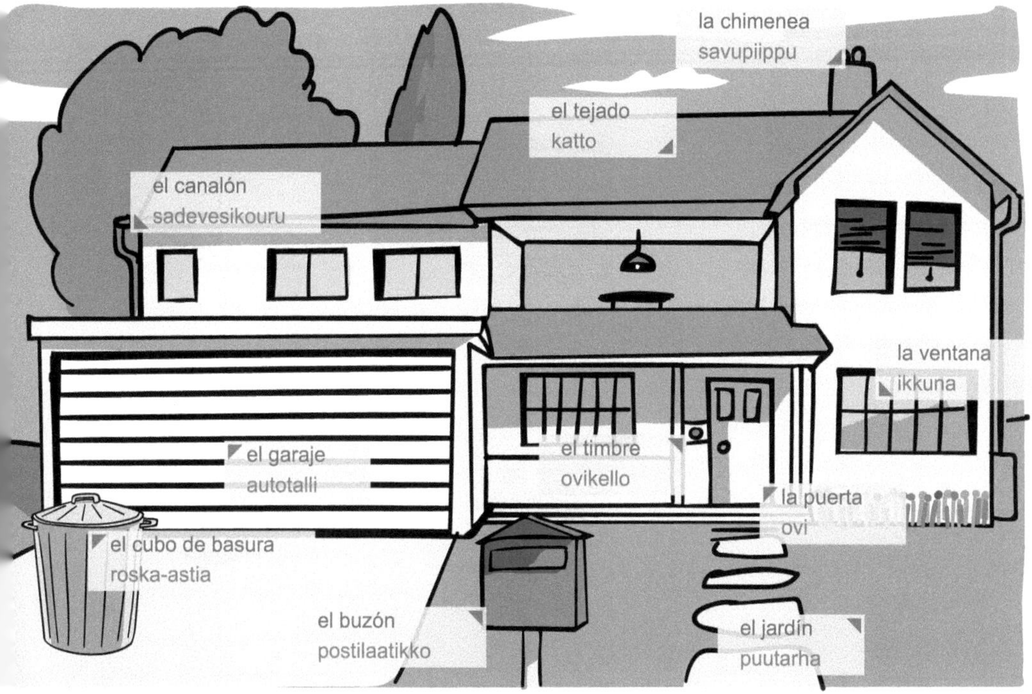

la chimenea
savupiippu
el tejado
katto
el canalón
sadevesikouru
la ventana
ikkuna
el garaje
autotalli
el timbre
ovikello
la puerta
ovi
el cubo de basura
roska-astia
el buzón
postilaatikko
el jardín
puutarha

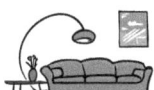

la sala

olohuone

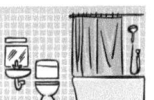

el cuarto de baño

kylpyhuone

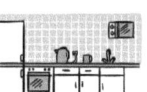

la cocina

keittiö

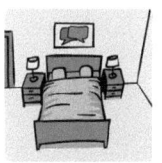

el dormitorio

makuuhuone

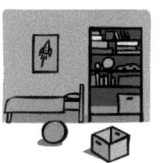

la habitación de los niños

lastenhuone

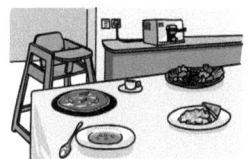

el comedor

ruokahuone

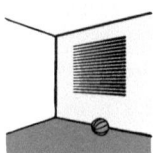

el suelo
lattia

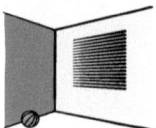

la pared
seinä

el techo
katto

el sótano
kellari

la sauna
sauna

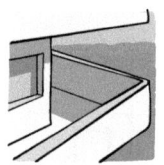

el balcón
parveke

la terraza
terassi

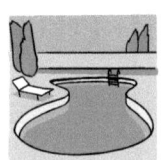

la piscina
uima-allas

el cortacésped
ruohonleikkuri

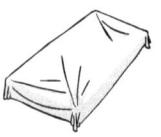

la sábana
lakana

la colcha
päiväpeitto

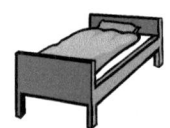

la cama
sänky

la escoba
harja

el balde
ämpäri

el interruptor
katkaisin

la sala
olohuone

el papel pintado
tapetti
la imagen
kuva
la lámpara
lamppu
el estante
hylly
el armario
kaappi
la televisión
televisio
la chimenea
takka
la flor
kukka
el cojín
tyyny
el sofá
sohva
el jarrón
maljakko
el mando a distancia
kaukosäädin

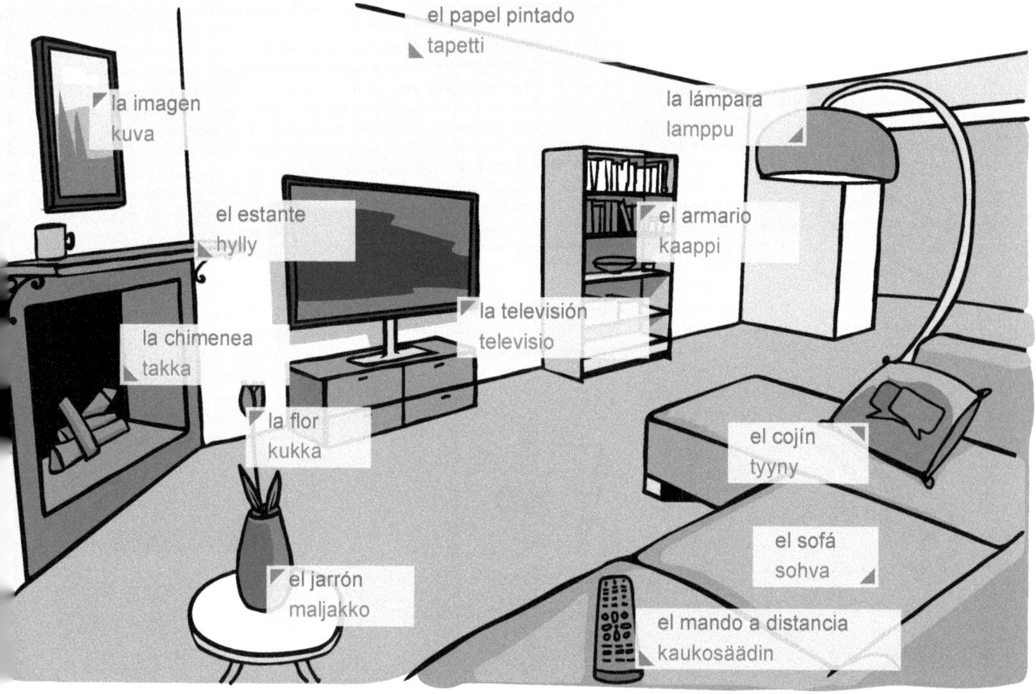

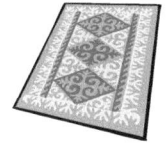

la alfombra

matto

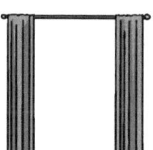

la cortina

verho

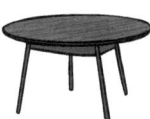

la mesa

pöytä

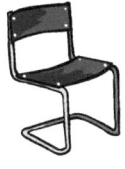

la silla

tuoli

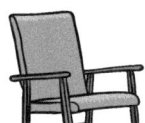

el mecedora

keinutuoli

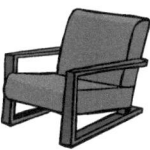

la butaca

nojatuoli

el libro

kirja

la manta

peitto

la decoración

koriste

la leña

polttopuut

la película

elokuva

el equipo de música

stereot

la llave

avain

el periódico

sanomalehti

la pintura

maalaus

el póster

juliste

la radio

radio

el cuaderno

muistivihko

la aspiradora

pölynimuri

el cactus

kaktus

la vela

kynttilä

la cocina
keittiö

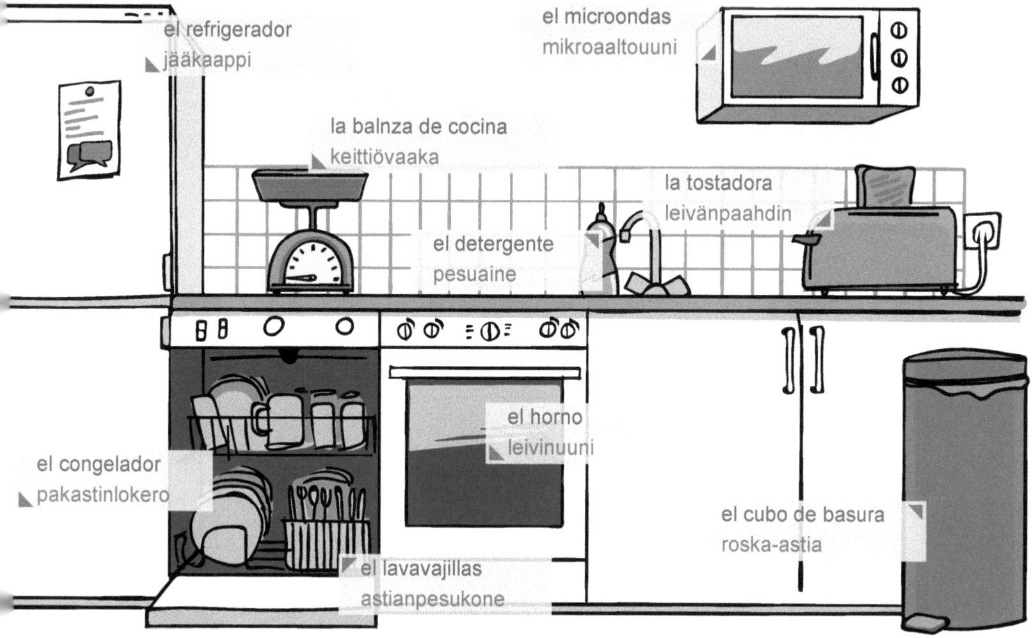

el refrigerador
jääkaappi
el microondas
mikroaaltouuni
la balnza de cocina
keittiövaaka
la tostadora
leivänpaahdin
el detergente
pesuaine
el horno
leivinuuni
el congelador
pakastinlokero
el cubo de basura
roska-astia
el lavavajillas
astianpesukone

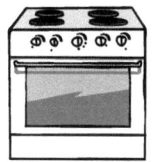

la olla a presión

liesi

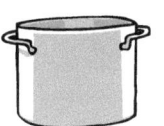

la olla

kattila

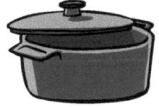

la olla de hierro fundido

rautapata

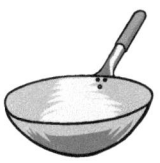

el wok

wokkipannu / kadai-pannu

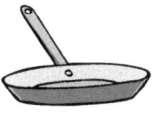

la cazuela

paistinpannu

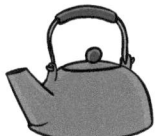

el hervidor

teepannu

la vaporera

höyrykeitin

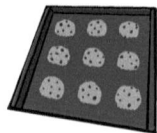

la chapa de horno

uunipelti

la vajilla

astiat

la taza

muki

el tazón

kulho

los palillos

syömäpuikot

el cucharón

kauha

la espumadera

paistinlasta

el batidor

vispilä

el colador

siivilä

el cedazo

siivilä

el rallador

raastin

el mortero

mortteli

la barbacoa

grilli

la hoguera

avotuli

la tabla de picar

leikkuulauta

el rodillo

kaulin

el sacacorchos

korkinavaaja

la lata

purkki

el abrelatas

purkinavaaja

el agarrador

pannulappu

el lavabo

lavuaari

el cepillo

tiskiharja

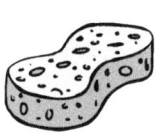

la esponja

pesusieni

la batidora

tehosekoitin

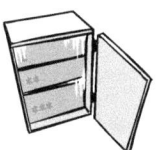

el congelador

pakastin

cl biberón

tuttipullo

el grifo

vesihana

el cuarto de baño
kylpyhuone

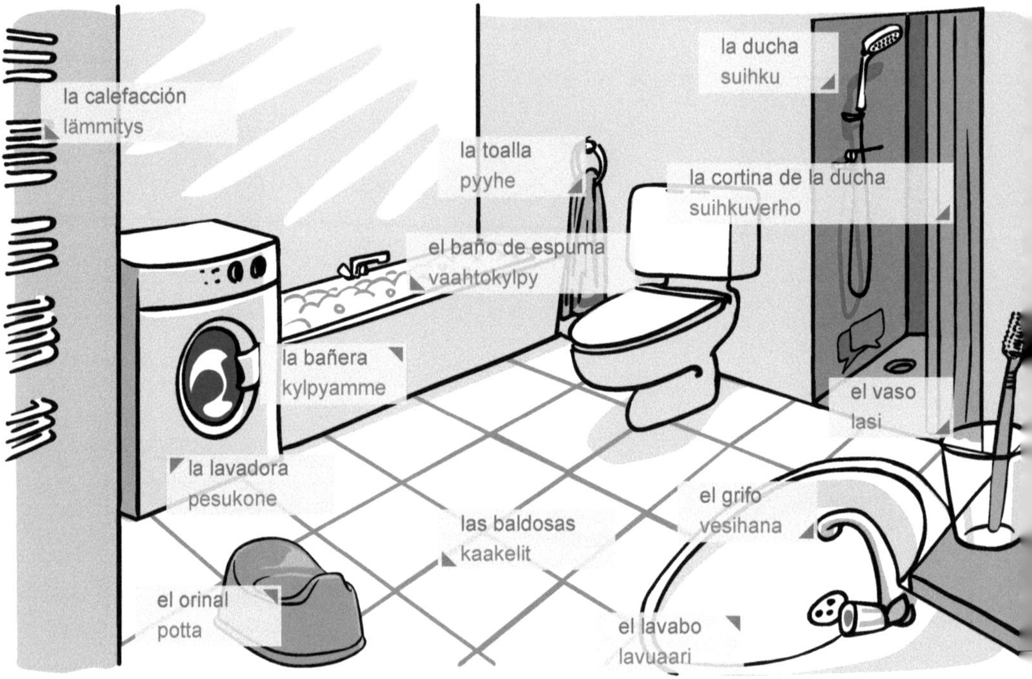

la calefacción
lämmitys
la ducha
suihku
la toalla
pyyhe
la cortina de la ducha
suihkuverho
el baño de espuma
vaahtokylpy
la bañera
kylpyamme
el vaso
lasi
la lavadora
pesukone
el grifo
vesihana
las baldosas
kaakelit
el orinal
potta
el lavabo
lavuaari

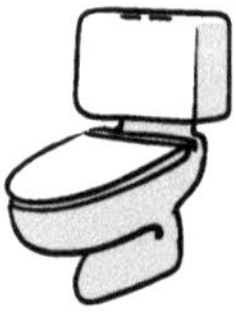

el inodoro
vessa

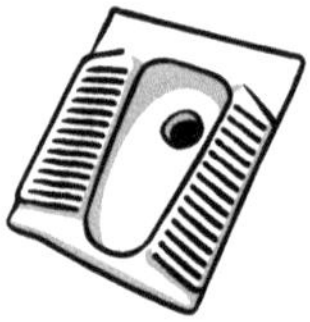

el inodoro rústico
kyykkyvessa

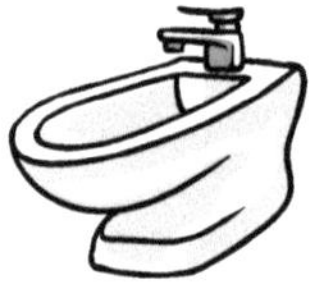

el bidé
bidee

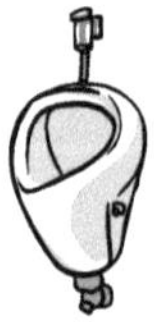

el urinario
pisuaari

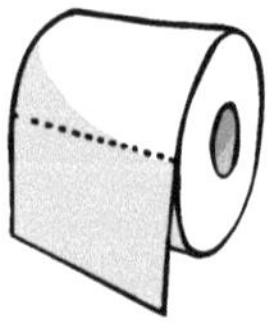

el papel higiénico
vessapaperi

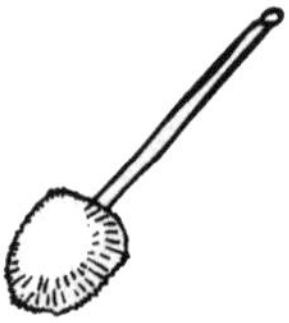

la escobilla del váter
vessaharja

el cepillo de dientes

hammasharja

la pasta de dientes

hammastahna

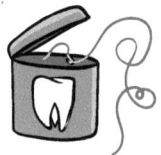

el hilo dental

hammaslanka

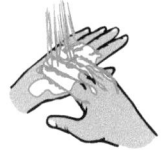

lavar

pestä

la ducha de mano

käsisuihku

la ducha íntima

intiimisuihku

la pila

pesuvati

el cepillo de espalda

selkäharja

el jabón

saippua

el gel de ducha

suihkugeeli

el champú

shampoo

la toallita

pesulappu

el desagüe

viemäri

la crema

voide

el desodorante

deodorantti

el espejo

peili

el espejo de tocador

käsipeili

la maquinilla de afeitar

partaveitsi

la espuma de afeitar

partavaahto

la loción postafeitado

partavesi

el peine

kampa

el cepillo

harja

el secador

hiustenkuivaaja

la laca

hiuslakka

el maquillaje

meikki

el pintalabios

huulipuna

el pintauñas

kynsilakka

el algodón

pumpuli

el cortauñas

kynsisakset

el perfume

hajuvesi

el estuche de viaje

kosmetiikkalaukku

la banqueta

jakkara

la balanza

vaaka

el albornoz

kylpytakki

los guantes de goma

kumihansikkaat

el tampón

tamponi

la compresa

terveysside

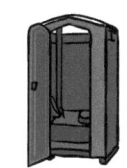

el inodoro químico

kemiallinen wc

la habitación de los niños

lastenhuone

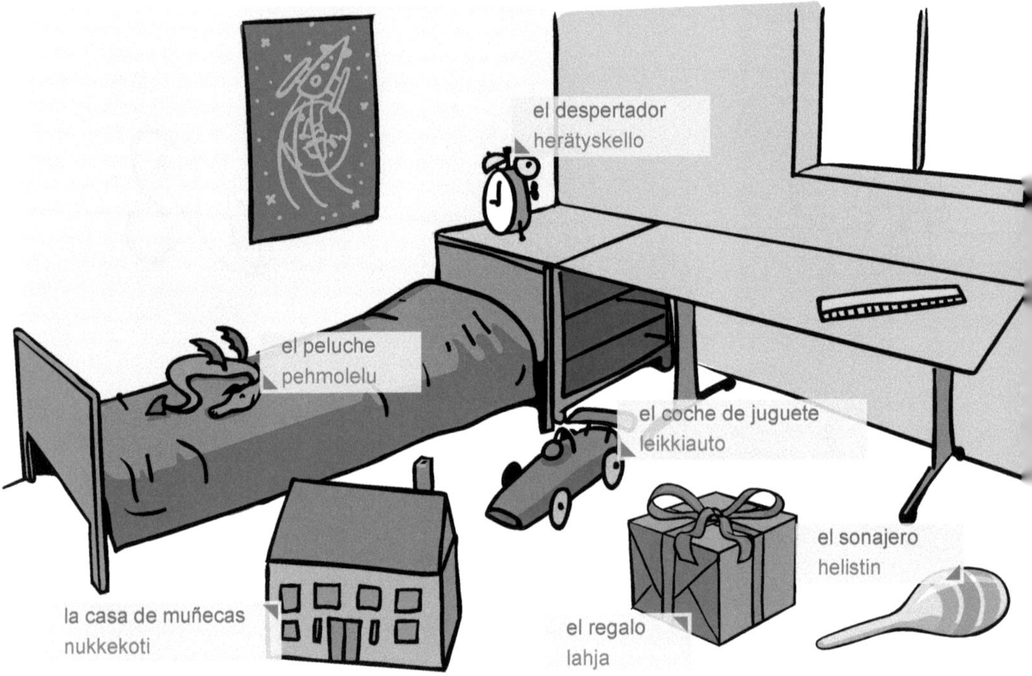
el despertador
herätyskello
el peluche
pehmolelu
el coche de juguete
leikkiauto
el sonajero
helistin
la casa de muñecas
nukkekoti
el regalo
lahja

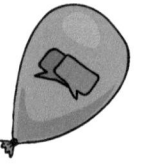

el globo
ilmapallo

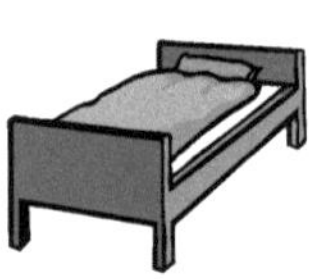

la cama
sänky

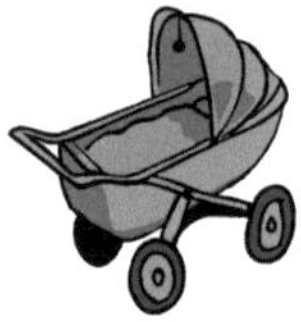

el coche de niño
lastenvaunut

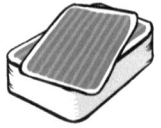

los naipes
korttipeli

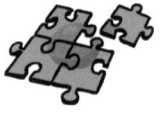

el puzle
palapeli

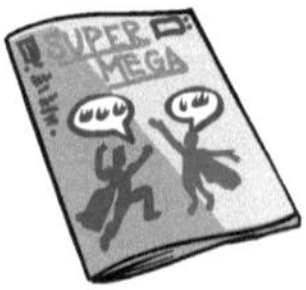

el tebeo
sarjakuva

las piezas de lego

legopalikat

los bloques de juguete

rakennuspalikat

la figura de acción

supersankari

el bodi (de bebé)

potkupuku

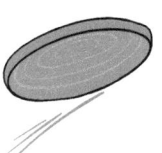

el frisbee

frisbee

el colgador móvil para bebés

mobile

el juego de mesa

lautapeli

los dados

noppa

el circuito de tren eléctrico

pienoisjunarata

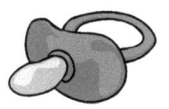

el maniquí

tutti

la fiesta

juhlat

el álbum de fotos

kuvakirja

la pelota

pallo

la muñeca

nukke

jugar

leikkiä

el cajón de arena

hiekkalaatikko

el columpio

keinu

los juguetes

lelut

la videoconsola

pelikonsoli

el triciclo

kolmipyörä

el oso de peluche

nalle

la guardarropa

vaatekaappi

la ropa

vaatteet

los calcetines

sukat

las medias

nylonsukat

los leotardos

sukkahousut

la bufanda
kaulaliina

el cinturón
vyö

el paraguas
sateenvarjo

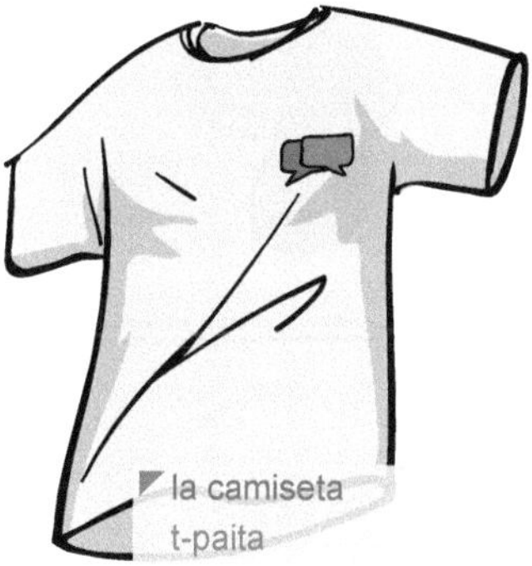

la camiseta
t-paita

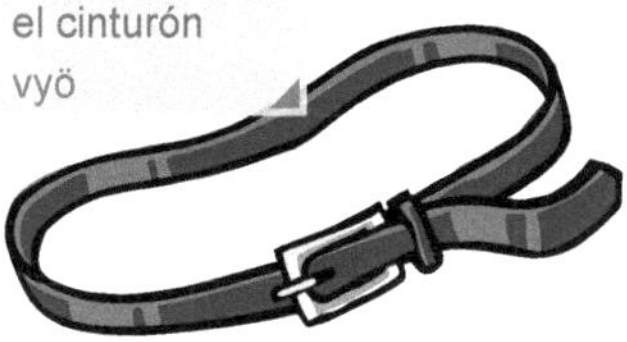

las deportivas
lenkkarit

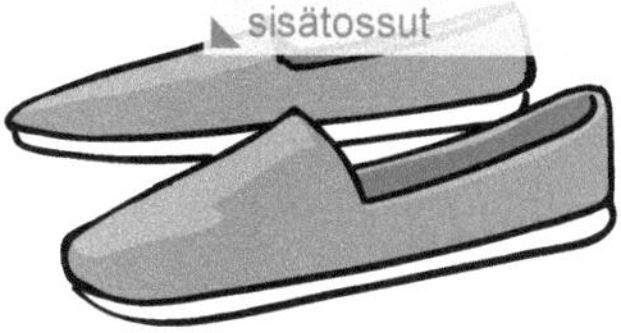

las botas
saappaat

las zapatillas
sisätossut

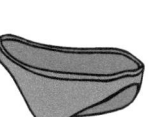

las sandalias
sandaalit

los zapatos
kengät

las botas de goma
kumisaappaat

el slip
alushousut

el sostén
rintaliivit

el chaleco
aluspaita

el bodi

body

los pantalones cortos

housut

los vaqueros

farkut

la falda

hame

la blusa

pusero

la camisa

paita

el jersey

villapaita

el suéter

collegepaita

el blazer

jakku

la chaqueta

takki

el abrigo

takki

la gabardina

sadetakki

el traje

puku

el vestido

mekko

el vestido de novia

hääpuku

el traje

puku

el camisón

yöpaita

el pijama

pyjama

el sati

shari

el bandana

päähuivi

el turbante

turbaani

la burka

burka

el caftán

kaftaani

la abaya

abaya

el traje de baño

uimapuku

el bañador

uimahousut

los pantalones cortos

shortsit

el chándal

verkkarit

el delantal

esiliina

los guantes

käsineet

el botón

nappi

las gafas

silmälasit

el brazalete

rannekoru

el collar

kaulakoru

el anillo

sormus

el pendiente

korvakoru

la gorra

lippalakki

la percha

ripustin

el sombrero

hattu

la corbata

solmio

la cremallera

vetoketju

el casco

kypärä

los tirantes

henkselit

el uniforme

koulupuku

el uniforme

univormu

el babero

ruokalappu

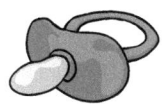

el maniquí

tutti

el pañal

vaippa

la oficina
toimisto

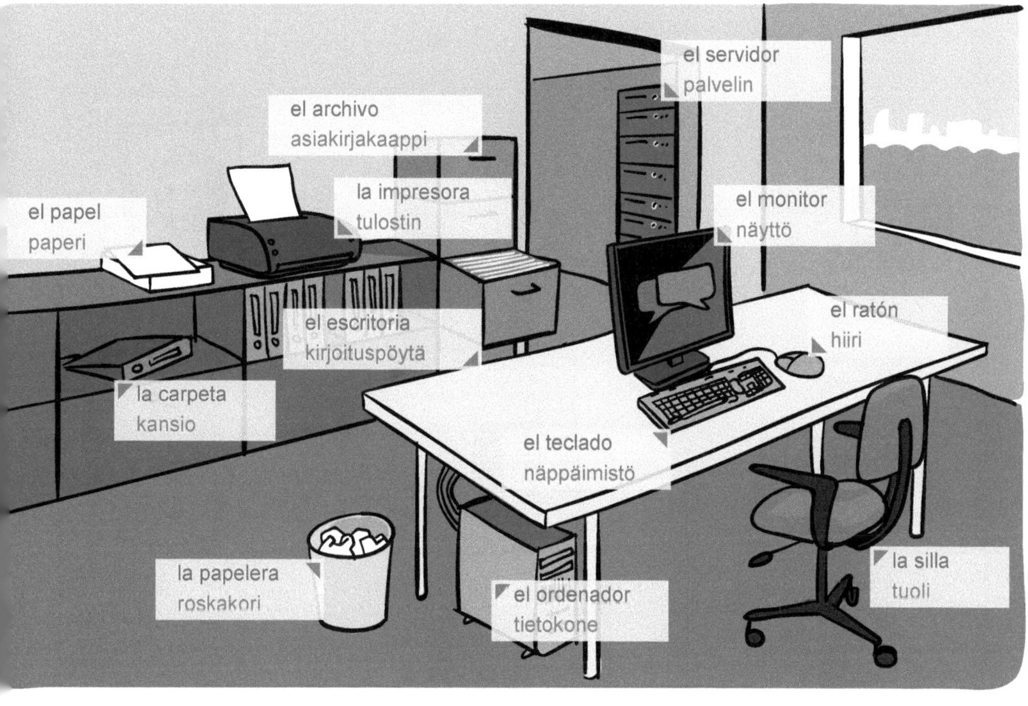

el servidor
palvelin

el archivo
asiakirjakaappi

el papel
paperi

la impresora
tulostin

el monitor
näyttö

el escritoria
kirjoituspöytä

el ratón
hiiri

la carpeta
kansio

el teclado
näppäimistö

la papelera
roskakori

la silla
tuoli

el ordenador
tietokone

la taza de café

kahvimuki

la calculadora

taskulaskin

el internet

internet

el portátil

kannettava tietokone

la carta

kirje

el mensaje

viesti

el móvil

kännykkä

la red

verkko

la fotocopiadora

kopiokone

el software

ohjelmisto

el teléfono

puhelin

la toma de corriente

pistorasia

el fax

faksi

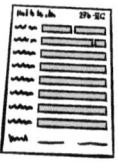

el formulario

lomake

el documento

asiakirja

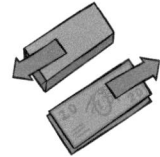

comprar

ostaa

pagar

maksaa

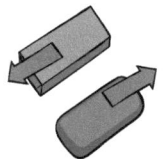

comerciar

vaihtaa

el dinero

raha

el dólar

dollari

el euro

euro

el yen

jeni

el rublo

rupla

el franco suizo

frangi

el renminbi yuan

renminbi juan

la rupia

rupia

el cajero automático

pankkiautomaatti

la oficina de cambio de divisas

rahanvaihto

el oro

kulta

la plata

hopea

el petróleo

öljy

la energía

energia

el precio

hinta

el contrato

sopimus

el impuesto

vero

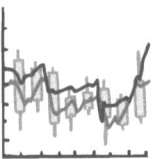

la acción

osake

trabajar

työskennellä

el empleador

työntekijä

el empleador

työnantaja

la fábrica

tehdas

la tienda de campaña

liike

los oficios
ammatit

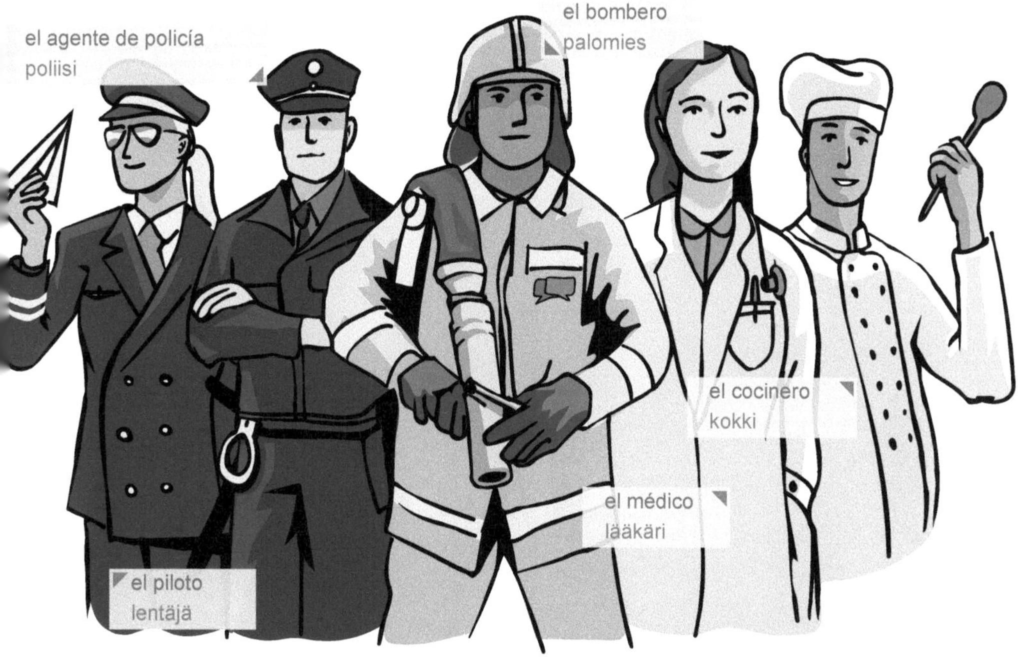
el agente de policía
poliisi
el bombero
palomies
el cocinero
kokki
el médico
lääkäri
el piloto
lentäjä

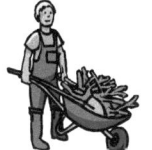

el jardinero

puutarhuri

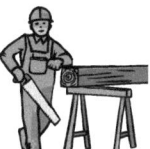

el carpintero

puuseppä

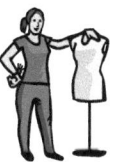

la costurera

ompelija

el juez

tuomari

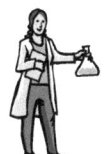

el farmacéutico

kemisti

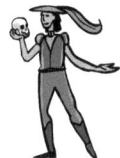

el actor

näyttelijä

el conductor de autobús

linja-autonkuljettaja

el taxista

taksinkuljettaja

el pescador

kalastaja

la señora de la limpieza

siivooja

el techador

katontekijä

el camarero

tarjoilija

el cazador

metsästäjä

el pintor

maalari

el panadero

leipuri

el electricista

sähköasentaja

el obrero

rakentaja

el ingeniero

insinööri

el carnicero

teurastaja

el fontanero

putkiasentaja

el cartero

postinjakaja

el soldado

sotilas

el arquitecto

arkkitehti

el cajero

kassanhoitaja

el florista

floristi

el peluquero

kampaaja

el revisor

konduktööri

el mecánico

mekaanikko

el capitán

kapteeni

el dentista

hammaslääkäri

el científico

tiedemies

el rabino

rabbi

el imán

imaami

el monje

munkki

el sacerdote

pappi

las herramientas
työkalut

el martillo
vasara
los alicates
pihdit
el destornillador
ruuvimeisseli
la llave
jakoavain
la linterna
taskulamppu

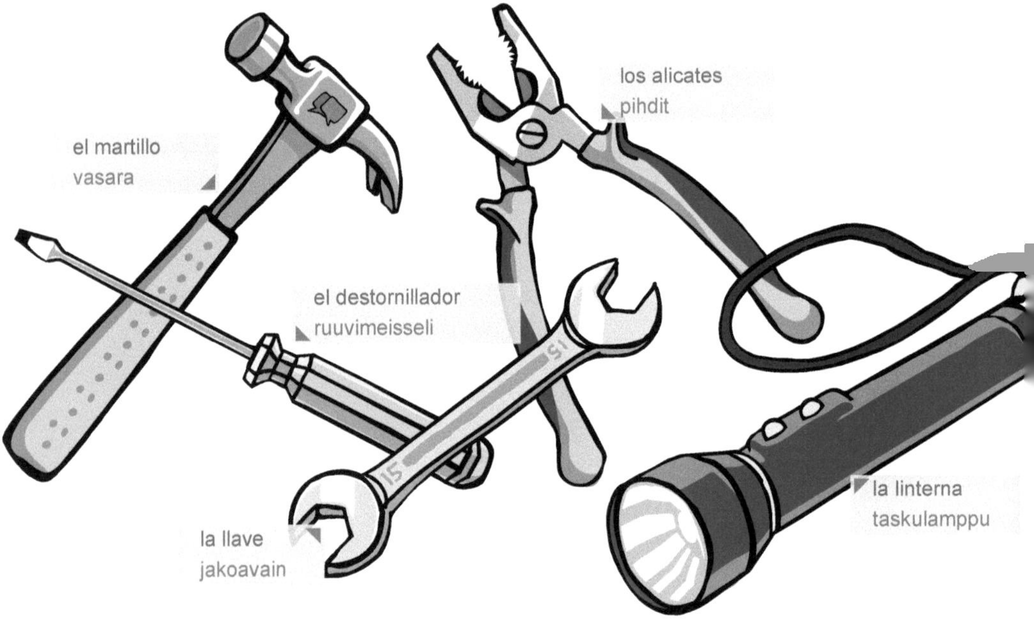

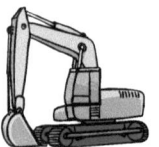

la excavadora

kaivinkone

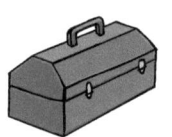

la caja de herramientas

työkalupakki

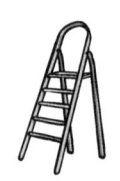

la escalera de mano

tikkaat

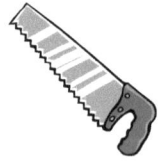

la sierra

saha

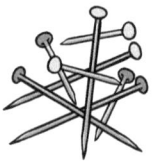

los clavos

naulat

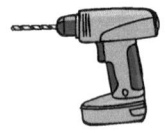

el taladro

pora

reparar

korjata

la pala

lapio

¡Maldita sea!

Hitto!

el recogedor

rikkalapio

el bote de pintura

maalipurkki

los tornillos

ruuvit

los instrumentos musicales
soittimet

la batería
rummut

el altavoz
kaiuttimet

la guitarra
kitara

el contrabajo
kontrabasso

la trompeta
trumpetti

el piano

piano

el violín

viulu

bajo

basso

los timbales

patarummut

el tambor

rumpu

el teclado

kosketinsoitin

el saxofón

saksofoni

la flauta

huilu

el micrófono

mikrofoni

el zoo
eläintarha

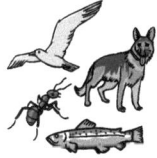

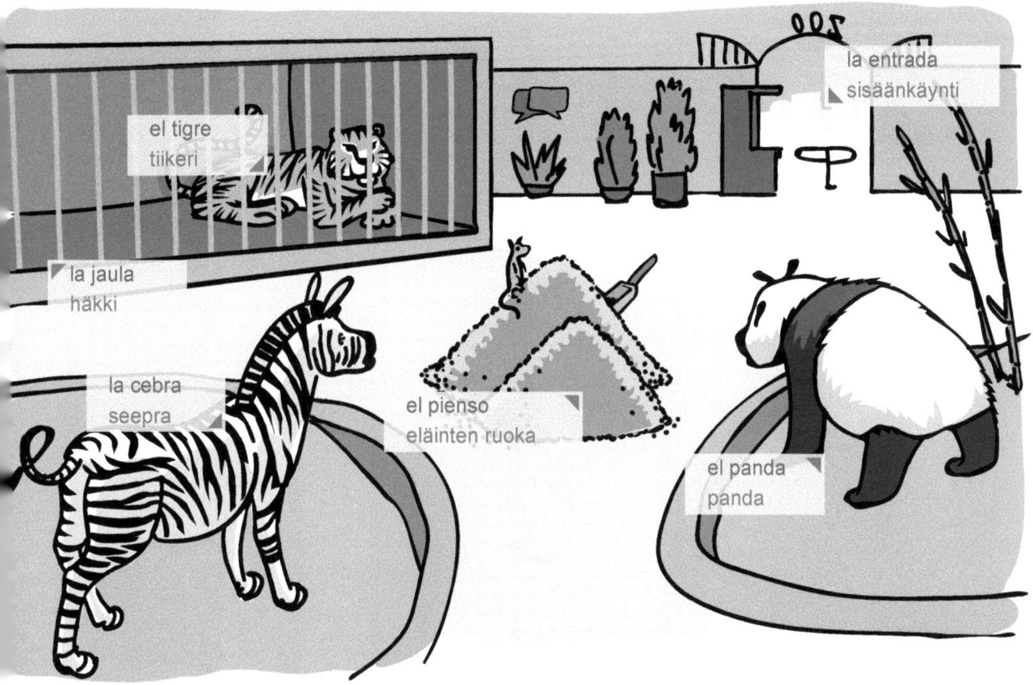

la entrada
sisäänkäynti
el tigre
tiikeri
la jaula
häkki
la cebra
seepra
el pienso
eläinten ruoka
el panda
panda

los animales

eläimet

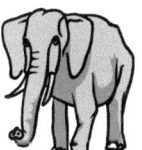

el elefante

norsu

el canguro

kenguru

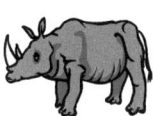

el rinoceronte

sarvikuono

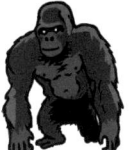

el gorila

gorilla

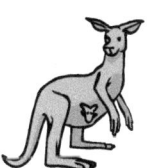

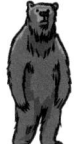

el oso

karhu

el camello

kameli

el avestruz

strutsi

el león

leijona

el mono

apina

el flamingo

flamingo

el loro

papukaija

el oso polar

jääkarhu

el pingüino

pingviini

el tiburón

hai

el pavo real

riikinkukko

la serpiente

käärme

el cocodrilo

krokotiili

el guardián de zoológico

eläintarhanhoitaja

la foca

hylje

el jaguar

jaguaari

el poni

poni

el leopardo

leopardi

el hipopótamo

virtahepo

la jirafa

kirahvi

el águila

kotka

el jabalí

villisika

el pescado

kala

la tortuga

kilpikonna

la morsa

mursu

el zorro

kettu

la gacela

gaselli

el fútbol americano
amerikkalainen jalkapallo

el ciclismo
pyöräily

el tenis
tennis

el baloncesto
koripallo

la natación
uinti

el boxeo
nyrkkeily

el hockey sobre hielo
jääkiekko

el fútbol

jalkapallo

el bádminton

sulkapallo

el atletismo

yleisurheilu

el balonmano

käsipallo

el esquí

hiihto

el polo

poolo

las actividades

aktiviteetit

saltar
hypätä
abrazar
halata
reír
nauraa
caminar
kävellä
cantar
laulaa
soñar
unelmoida
rezar
rukoilla
besar
suudella

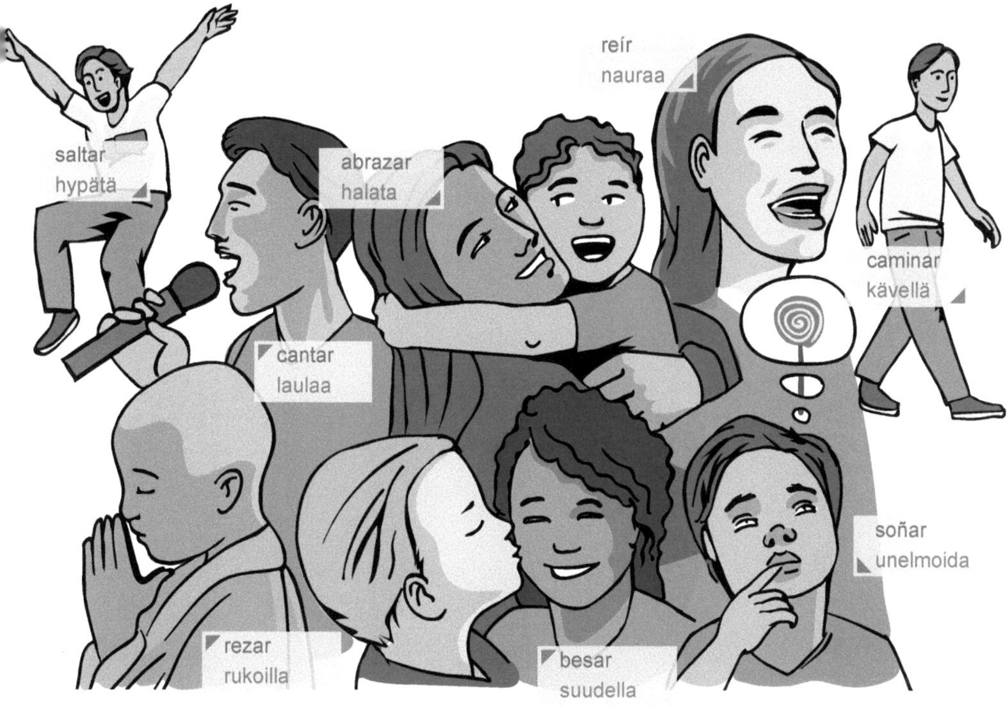

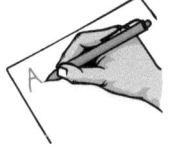

escribir

kirjoittaa

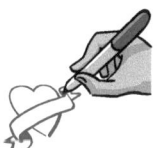

dibujar

piirtää

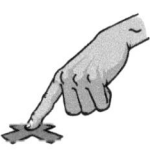

mostrar

näyttää

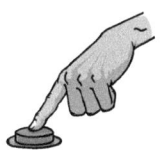

empujar

painaa

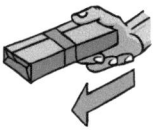

dar

antaa

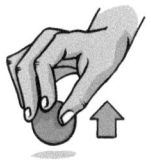

tomar

ottaa

tener

omistaa

hacer

tehdä

ser

olla

estar de pie

seisoa

correr

juosta

tirar

vetää

tirar

heittää

caer

kaatua

yacer

maata

esperar

odottaa

llevar

kantaa

estar sentado

istua

vestirse

pukeutua

dormir

nukkua

despertar

herätä

mirar

katsoa

llorar

itkeä

acariciar

silittää

peinar

kammata

hablar

puhua

entender

ymmärtää

preguntar

kysyä

escuchar

kuunnella

beber

juoda

comer

syödä

ordenar

siivota

amar

rakastaa

cocinar

keittää

conducir

ajaa

volar

lentää

navegar

purjehtia

calcular

laskea

leer

lukea

aprender

oppia

trabajar

työskennellä

casarse

mennä naimisiin

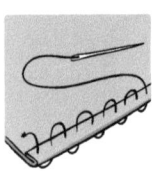

coser

ommella

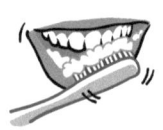

cepillarse los dientes

pestä hampaat

matar

tappaa

fumar

tupakoida

enviar

lähettää

la familia
perhe

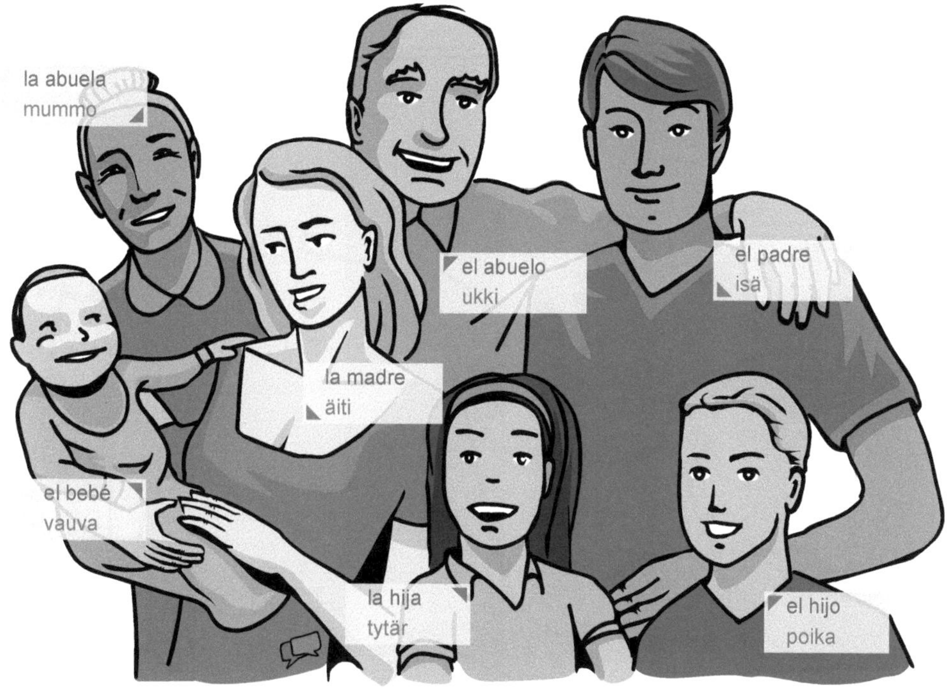
la abuela
mummo
el abuelo
ukki
el padre
isä
la madre
äiti
el bebé
vauva
la hija
tytär
el hijo
poika

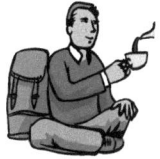

el invitado

vieras

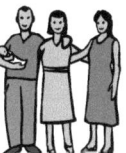

la tía

täti

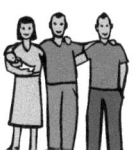

el tío

setä

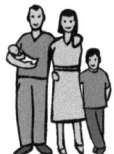

el hermano

veli

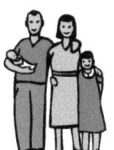

la hermana

sisko

el cuerpo
vartalo

la frente
otsa
el ojo
silmä
el hombro
olkapää
el dedo
sormet
la cara
kasvot
la barbilla
leuka
la mano
käsi
la pierna
jalka
el pecho
rinta
el brazo
käsivarsi

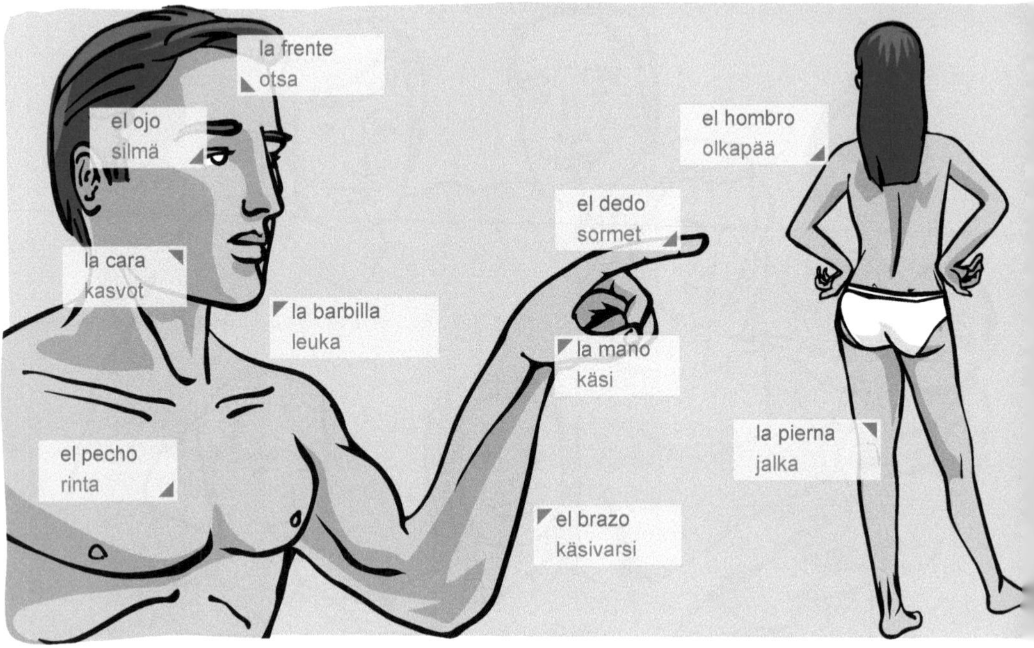

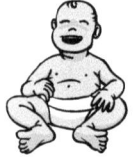

el bebé

vauva

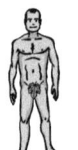

el hombre

mies

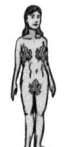

la mujer

nainen

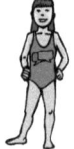

la chica

tyttö

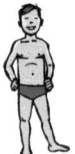

el chico

poika

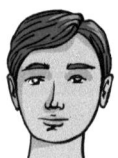

la cabeza

pää

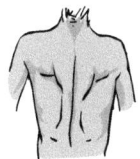

la espalda

selkä

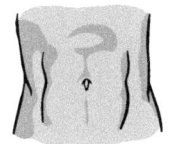

el vientre

maha

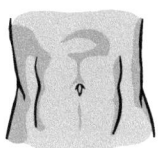

el ombligo

napa

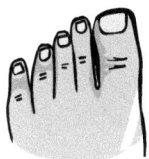

el dedo del pie

varvas

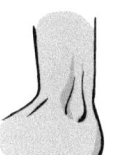

el talón

kantapää

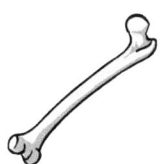

el hueso

luu

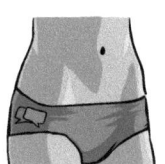

la cadera

lantio

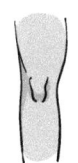

la rodilla

polvi

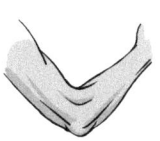

el codo

kyynärpää

la nariz

nenä

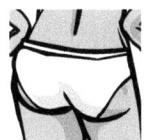

el trasero

takapuoli

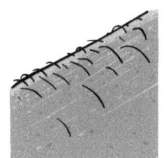

la piel

iho

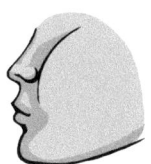

la mejilla

poski

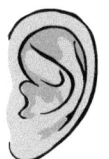

el oído

korva

el labio

huuli

la boca

suu

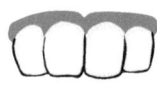

el diente

hammas

la lengua

kieli

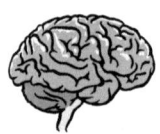

el cerebro

aivot

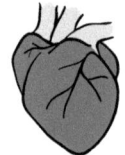

el corazón

sydän

el músculo

lihas

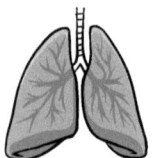

el pulmón

keuhkot

el hígado

maksa

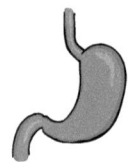

el estómago

vatsa

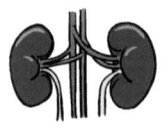

los riñones

munuaiset

el sexo

seksi

el condón

kondomi

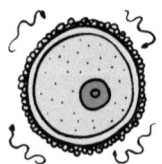

el ovario

munasolu

el semen

sperma

el embarazo

raskaus

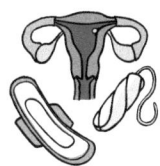

la menstruación

kuukautiset

la vagina

vagina

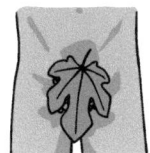

el pene

penis

la ceja

kulmakarvat

el pelo

hiukset

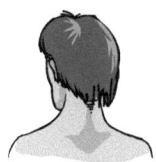

el cuello

niska

el hospital
sairaala

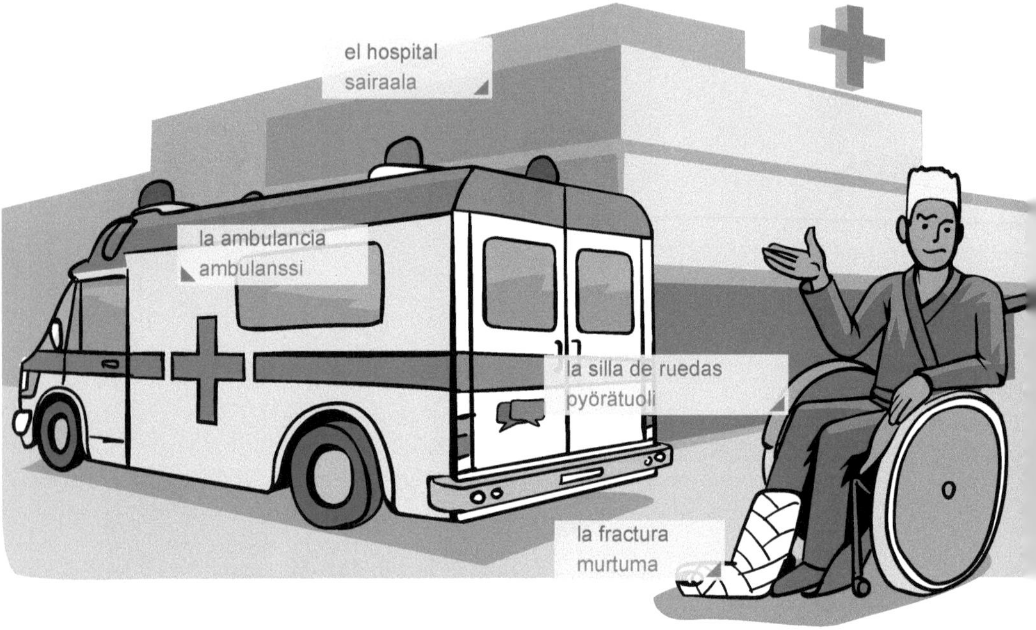

el hospital
sairaala
la ambulancia
ambulanssi
la silla de ruedas
pyörätuoli
la fractura
murtuma

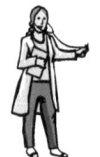

el médico

lääkäri

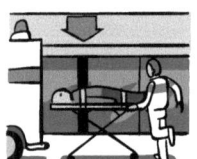

la sala de urgencias

ensiapu

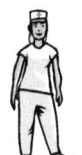

la enfermera

sairaanhoitaja

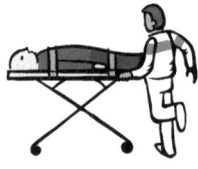

la urgencia

hätätilanne

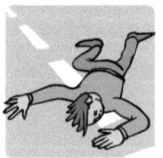

inconsciente

tajuton

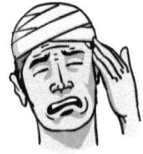

el dolor

kipu

la lesión

vamma

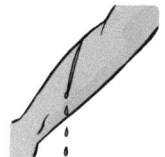

la hemorragia

verenvuoto

el infarto

sydänkohtaus

el ictus

aivoinfarkti

la alergia

allergia

la tos

yskä

la fiebre

kuume

la gripe

flunssa

la diarrea

ripuli

el dolor de cabeza

päänsärky

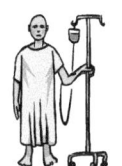

el cáncer

syöpä

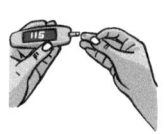

la diabetes

diabetes

el cirujano

kirurgi

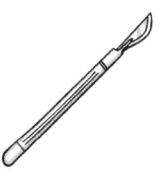

el bisturí

veitsi

la operación

leikkaus

TAC

ct

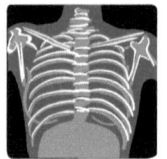

los rayos x

röntgen

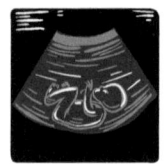

el ultrasonido

ultraääni

la mascarilla

maski

la enfermedad

sairaus

la sala de espera

odotushuone

la muleta

sauva

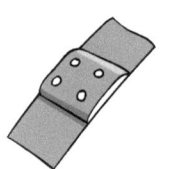

la tirita

laastari

la venda

side

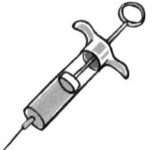

la inyección

pistos

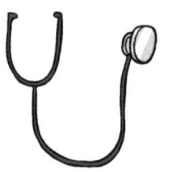

el estetoscopio

stetoskooppi

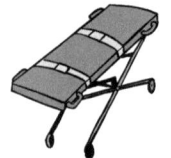

la camilla

paarit

el termómetro

kuumemittari

el nacimiento

syntymä

el sobrepeso

ylipaino

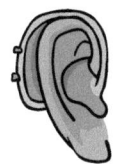

el audífono

kuulolaite

el desinfectante

desinfiointiaine

la infección

infektio

el virus

virus

VIH / SIDA

HIV / AIDS

la medicina

lääke

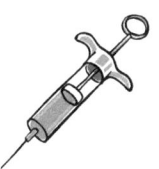

la vacunación

rokotus

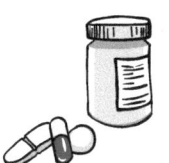

las tabletas

tabletit

la pastilla

pilleri

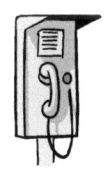

la llamada de urgencia

hätäpuhelu

el tensiómetro

verenpainemittari

enfermo / sano

sairas / terve

¡Socorro!

Apua!

la alarma

hälytys

el asalto

ryöstö

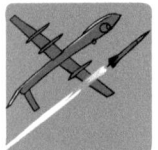

el ataque

hyökkäys

el peligro

vaara

la salida de emergencia

hätäuloskäynti

¡Fuego!

Tulipalo!

el extintor de incendios

palosammutin

el accidente

onnettomuus

el botiquín de primeros
auxilios

ensiapulaukku

SOS

SOS

la policía

poliisilaitos

Europa

Eurooppa

Norteamérica

Pohjois-Amerikka

Sudamérica

Etelä-Amerikka

África

Afrikka

Asia

Aasia

Australia

Australia

el atlántico

Atlantin valtameri

el Pacífico

Tyynimeri

el Océano Índico

Intian valtameri

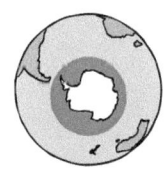

el Océano Antártico

Eteläinen jäämeri

el Océano Ártico

Pohjoinen jäämeri

el polo norte

pohjoisnapa

el polo sur

etelänapa

La Antártida

Antarktis

la tierra

maa

la tierra

maa

el mar

meri

la isla

saari

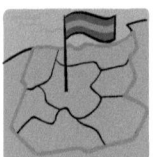

la nación

kansa

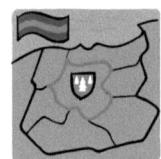

el estado

osavaltio

la esfera

kellotaulu

la manecilla de las horas

tuntiviisari

el minutero

minuuttiviisari

el segundero

sekuntiviisari

¿Qué hora es?

Paljonko kello on?

el día

päivä

el tiempo

aika

ahora

nyt

el reloj digital

digitaalikello

el minuto

minuutti

la hora

tunti

la semana

viikko

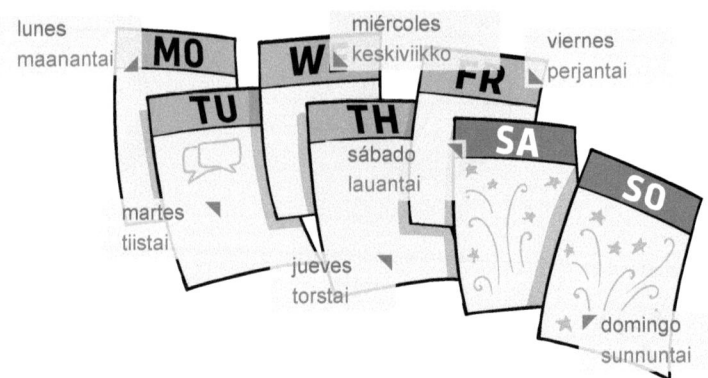

lunes
maanantai

martes
tiistai

miércoles
keskiviikko

jueves
torstai

viernes
perjantai

sábado
lauantai

domingo
sunnuntai

ayer

eilen

hoy

tänään

mañana

huomenna

la mañana

aamu

el mediodía

keskipäivä

la tarde

ilta

MO	TU	WE	TH	FR	SA	SU
1	2	3	4	5	6	7
8	9	10	11	12	13	14
15	16	17	18	19	20	21
22	23	24	25	26	27	28
29	30	31	1	2	3	4

los días laborables

työpäivät

MO	TU	WE	TH	FR	SA	SU
1	2	3	4	5	6	7
8	9	10	11	12	13	14
15	16	17	18	19	20	21
22	23	24	25	26	27	28
29	30	31	1	2	3	4

el fin de semana

viikonloppu

el año
vuosi

la lluvia
sade
el arcoíris
sateenkaari
la nieve
lumi
el viento
tuuli
la primavera
kevät
el otoño
syksy
el verano
kesä
el invierno
talvi

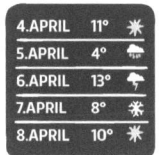

4.APRIL 11°
5.APRIL 4°
6.APRIL 13°
7.APRIL 8°
8.APRIL 10°

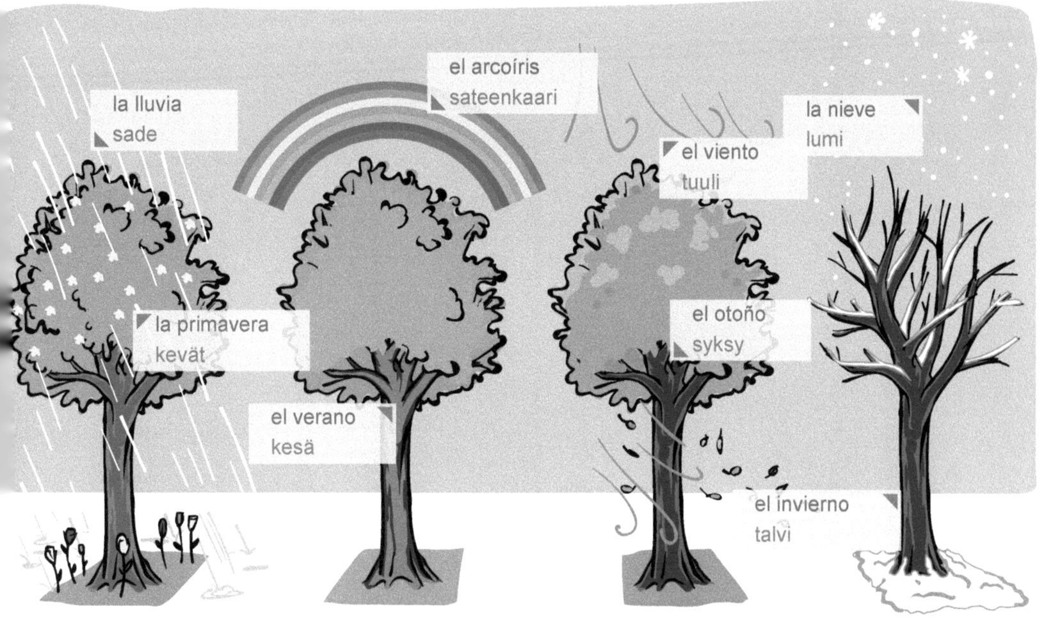

el pronóstico del tiempo

sääennuste

F C
120 40
90 30
60 20
30 10
0 0
-30 -10
-20

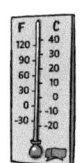

el termómetro

lämpömittari

el sol

auringonpaiste

la nube

pilvi

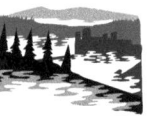

la niebla

sumu

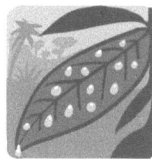

la humedad

ilmankosteus

el rayo

salama

el trueno

ukkonen

la tormenta

myrsky

el granizo

rae

el monzón

monsuuni

la inundación

tulva

el hielo

jää

enero

tammikuu

febrero

helmikuu

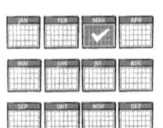

marzo

maaliskuu

abril

huhtikuu

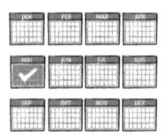

mayo

toukokuu

junio

kesäkuu

julio

heinäkuu

agosto

elokuu

el año - vuosi

septiembre
···············
syyskuu

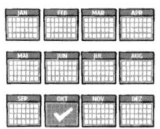

octubre
···············
lokakuu

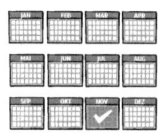

noviembre
···············
marraskuu

diciembre
···············
joulukuu

las formas
muodot

el círculo
···············
ympyrä

el cuadrado
···············
neliö

el rectángulo
···············
suorakulmio

el triángulo
···············
kolmio

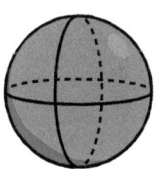

la esfera
···············
pallo

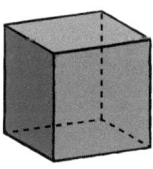

el cubo
···············
kuutio

blanco

valkoinen

amarillo

keltainen

anaranjado

oranssi

rosa

vaaleanpunainen

rojo

punainen

morado

violetti

azul

sininen

verde

vihreä

marrón

ruskea

gris

harmaa

negro

musta

mucho / poco

paljon / vähän

enojado / tranquilo

vihainen / ystävällinen

bonito / feo

kaunis / ruma

principio / fin

alku / loppu

grande / pequeño

suuri / pieni

claro / oscuro

vaalea / tumma

el hermano / la hermana

veli / sisko

limpio / sucio

puhdas / likainen

completo / incompleto

täydellinen / epätäydellinen

el día / la noche

päivä / yö

muerto / vivo

kuollut / elävä

ancho / estrecho

leveä / kapea

comestible / no comestible

syötävä / syömäkelvoton

malo / amable

paha / kiltti

entusiasmado / aburrido

innostunut / tylsistynyt

gordo / delgado

lihava / laiha

primero / último

ensimmäinen / viimeinen

el amigo / el enemigo

ystävä / vihollinen

lleno / vacío

täysi / tyhjä

duro / blando

kova / pehmeä

pesado / ligero

painava / kevyt

el hambre / la sed

nälkä / jano

enfermo / sano

sairas / terve

ilegal / legal

laiton / laillinen

inteligente / tonto

älykäs / tyhmä

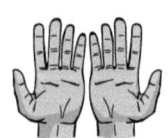

izquierda / derecha

vasen / oikea

cerca / lejos

lähellä / kaukana

nuevo / usado
uusi / käytetty

nada / algo
ei mitään / jotain

viejo / joven
vanha / nuori

encendido / apagado
päällä / pois päältä

abierto / cerrado
auki / kiinni

silencioso / ruidoso
hiljainen / äänekäs

rico / pobre
rikas / köyhä

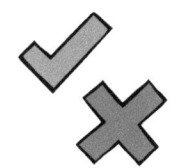

correcto / incorrecto
oikein / väärin

áspero / suave
karhea / sileä

triste / contento
surullinen / iloinen

corto / largo
lyhyt / pitkä

lento / rápido
hidas / nopea

húmedo / seco
märkä / kuiva

cálido / frío
lämmin / viileä

guerra / paz
sota / rauha

0	**1**	**2**
cero	uno	dos
nolla	yksi	kaksi
3	**4**	**5**
tres	cuatro	cinco
kolme	neljä	viisi
6	**7**	**8**
seis	siete	ocho
kuusi	seitsemän	kahdeksan
9	**10**	**11**
nueve	diez	once
yhdeksän	kymmenen	yksitoista

12

doce

kaksitoista

13

trece

kolmetoista

14

catorce

neljätoista

15

quince

viisitoista

16

dieciséis

kuusitoista

17

diecisiete

seitsemäntoista

18

dieciocho

kahdeksantoista

19

diecinueve

yhdeksäntoista

20

veinte

kaksikymmentä

100

cien

sata

1.000

mil

tuhat

1.000.000

el millón

miljoona

el inglés
....
englanti

el inglés americano
....
amerikanenglanti

el chino madarín
....
mandariinikiina

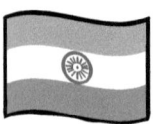

el hindi
....
hindi

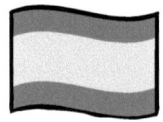

el español
....
espanja

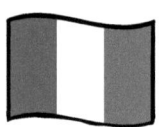

el francés
....
ranska

el árabe
....
arabia

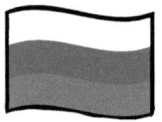

el ruso
....
venäjä

el portugués
....
portugali

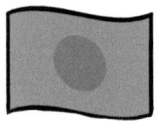

el bengalí
....
bengali

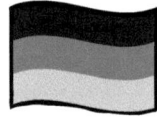

el alemán
....
saksa

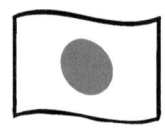

el japonés
....
japani

yo

minä

tú

sinä

él / ella / ello

hän

nosotros/as

me

vosotros/as

te

ellos/as

he

¿quién?

kuka?

¿qué?

mitä / mikä?

¿cómo?

miten?

¿dónde?

missä?

¿cuándo?

milloin?

el nombre

nimi

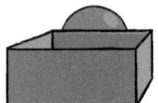

detrás

takana

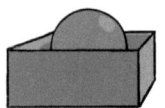

en

sisällä

delante de

edessä

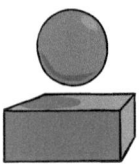

por encima de

yläpuolella

sobre

päällä

debajo de

alapuolella

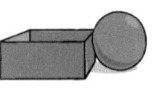

junto a

vieressä

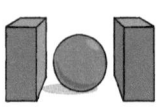

entre

välissä

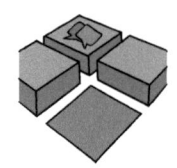

el lugar

paikka